CATALOGUE

D'OBJETS D'ART

ET DE

CURIOSITÉ,

Porcelaines de Sèvres, pâte tendre, Porcelaines anciennes et modernes de Saxe, de Chine et du Japon, montées en bronze doré et non montées, Bronzes anciens, Pendules, Lustres, Candelabres, Feux, Meubles en marqueterie de bois à fleurs, marqueterie de Boule et bois rose, ornés de bronzes dorés, Consoles en bois doré, Meubles anciens en acajou, Bronzes chinois, Meubles en bois sculpté et laque du Japon et de Chine, Tableaux anciens,

MARBRES ET OBJETS DIVERS

DONT LA VENTE AURA LIEU

En vertu d'autorisation du Tribunal de Commerce en date du 3 octobre 1854,

APRÈS CESSATION DE COMMERCE DE M. ESCUDIER FILS

DANS SES MAGASINS,

QUAI VOLTAIRE, N. 21

Les Jeudi **23**, Vendredi **24** & Samedi **25** Novembre 1854, à midi

Par le ministère de M⁰ **POUCHET**, Commissaire-Priseur, Assisté de M. **RIDEL**, son prédécesseur, rue Saint-Honoré, 335,

Chez lesquels se distribue le présent Catalogue.

EXPOSITION PUBLIQUE

Les Mardi 21 et Mercredi 22 Novembre 1854, de midi à quatre heures.

PARIS

MAULDE & RENOU,

IMPRIMEURS DE LA COMPAGNIE DES COMMISSAIRES-PRISEURS
Rue Rivoli, 114.

1854

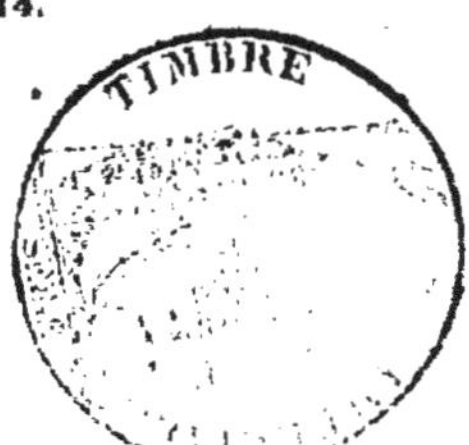

CONDITIONS DE LA VENTE

Elle sera faite au comptant.

Les acquéreurs paieront, en sus des adjudications. cinq centimes par franc, applicables aux frais.

ORDRE DES VACATIONS

Le Jeudi : Les Porcelaines non montées.

Le Vendredi : Les Porcelaines montées, Bronzes dorés, Marbres et Bronzes.

Le Samedi : Les Meubles, la continuation des Bronzes, Porcelaines et Objets divers.

NOTA. — Une seconde vente fixée aux 14, 15 et 16 décembre 1854, comprendra les objets qui n'auront pas été exposés pour cette première vente.

CATALOGUE

D'OBJETS D'ART

ET DE

CURIOSITÉ,

Porcelaines de Sèvres, pâte tendre, Porcelaines anciennes et modernes de Saxe, de Chine et du Japon, montées en bronze doré et non montées, Bronzes anciens, Pendules, Lustres, Candelabres, Feux, Meubles en marqueterie de bois à fleurs, marqueterie de Boule et bois rose, ornés de bronzes dorés, Consoles en bois doré, Meubles anciens en acajou, Bronzes chinois, Meubles en bois sculpté et laque du Japon et de Chine, Tableaux anciens,

MARBRES ET OBJETS DIVERS

DONT LA VENTE AURA LIEU

En vertu d'autorisation du Tribunal de Commerce en date du 3 octobre 1854,

APRÈS CESSATION DE COMMERCE DE M. **ESCUDIER** FILS

DANS SES MAGASINS,

QUAI VOLTAIRE, N. 21

Les Jeudi **23**, Vendredi **24** & Samedi **25** Novembre 1854, à midi

Par le ministère de Mᵉˢ **POUCHET** Commissaire-Priseur,
Assisté de M. **RIDEL**, son prédécesseur, rue Saint-Honoré, **335**,
Chez lesquels se distribue le présent Catalogue

EXPOSITION PUBLIQUE

Les Mardi 21 et Mercredi 22 Novembre 1854, de midi à quatre heures.

PARIS

MAULDE & RENOU,

IMPRIMEURS DE LA COMPAGNIE DES COMMISSAIRES-PRISEURS
Rue Rivoli, 114.

1854

CATALOGUE

D'OBJETS D'ART

ET DE CURIOSITÉ

DÉSIGNATION

Meubles.

1 — Grande console italienne en bois sculpté et doré, la ceinture supportée par des enfants et reliée par un entre-jambe. Longueur 172 cent. sur 72 cent.

2 — Commode régence ancienne en bois de placage, ornée de bronzes dorés. Le dessus en marbre campan rouge. Long. 133 c.

3. — Deux consoles Louis XV en bois doré, à dessus de marbre blanc. Long. 92 c.

4 — Un bonheur du jour, style Louis XV, en bois de rose et bois satiné, pieds de biche à bustes de femmes ailées, le miroir formant bureau; le corps du haut à deux portes vitrées; les ornements en bronze doré. Longueur 100 c., profond. 61 c., haut. 171 c.

5 — Un meuble à deux portes en marqueterie de bois à fleurs sur fond d'ébène, les bronzes en couleur, dessus en marbre blanc. Larg. 126 c., prof. 38.

6 — Deux meubles à une porte en marqueterie écaille et cuivre, frises à entrelacs et rosaces, moulures en bronze verni, dessus en marbre brêche d'Alep. Haut. 117 c., larg. 82 c.

7 — Un bureau ancien à abattant en palissandre, quadrillé avec chutes et ornements en bronze verni. Larg. 102 c., prof. 50.

8 — Deux encoignures style Louis XV en bois sculpté et doré, dessus en marbre blanc. Hauteur 104 cent.

9 — Une bibliothèque basse en acajou à trois portes à glace, chapiteaux et frises à feuilles de vigne en bronze doré mat. Haut. 96 c., larg. 254, prof. 47.

10 — Une bibliothèque basse en acajou à deux portes. Larg. 144 c.

11 — Une bibliothèque basse en acajou à une porte. Larg. 88 c.

12 — Une bibliothèque basse en acajou à une porte. Larg. 77 c.

13 — Une bibliothèque basse en acajou, sans frises ni chapiteaux. Larg. 89 c.

14 — Un grand bureau à cylindre en acajou, l'intérieur des tiroirs également en acajou, avec tablettes tirantes sur les côtés, le dessus en marbre bleu fleuri. Largeur 154 c., prof. 81 c., haut. 130 c.

15 — Un petit meuble à une porte en marqueterie
de Boule et bronzes dorés. Haut. 93 cent.,
larg. 67 cent.

16 — Une console en racine d'orme avec dessus
en mosaïque d'échantillons de marbres.
Larg. 140 c., prof. 74 c.

17 — Une petite chiffonnière à deux tiroirs en bois
de rose et marqueterie à fleurs sur fond
gris, ornée de bronzes dorés. Largeur
48 c., prof. 35.

18 — Une table à pieds de biche en marqueterie
de Boule ornée de bronze doré, le dessus
avec frises en marqueterie. Larg. 95 c.,
prof. 58 c.

19 — Une petite table pieds de biche, en bois de
rose et marqueterie à fleurs sur fond gris,
ornée de bronzes dorés. Larg. 73 cent.,
sur 42 c.

20 — Un guéridon avec pied en palissandre sculpté,
le dessus en albâtre mousseux. Diamètre
84 cent.

21 — Une table à pieds de biche en bois de rose
et marqueterie à figures, ruines et paysages, ornée de bronze doré. Larg. 75 c.,
prof. 54 c.

22 — Un secrétaire ancien à abattant en bois de
rose et bronze doré, marbre brèche d'A-
lep. Larg. 90 c.

23 — Une grande bibliothèque en acajou à trois
portes vitrées. Haut. 252 c., larg. 200 c.

24 — Un grand piédestal en acajou avec cou-

ronne et applique en bronze doré mat.
Haut. 158 c., larg. 51 c., prof. 38 c.

25 — Un corps du haut d'un meuble en bois sculpté
du XVIe siècle, avec portes, tiroir et pi-
lastres. Larg. 110 c., prof. 50 c.

26. — Une montre vitrée, son pied en palissandre
avec filets de cuivre. Largeur 90 c., profondeur 54 c.

27 — Un pupitre en bois de palissandre sur trépied sculpté.

28 — Une commode forme régence en marqueterie
de bois à damiers ornée de bronzes en couleur; marbre brèche d'Alep.

29 — Un petit support en marqueterie cuivre et
écaille, bronze verni.

30 — Deux piédestaux carrés en bois d'érable.
Haut. 116 c., prof. 62 c.

31 — Une grande et bonne caisse en fer de Hurel,
avec deux serrures sans combinaisons.
Haut. 164 c., larg. 76 c., prof. 61 c.

Marbres.

32 — Deux colonnes cannelées en marbre blanc
veiné. Haut. 110 c., diam. 36 c.

33 — Une grande colonne en marbre portor, la
base en marbre blanc et contre-socle en
portor. Haut. 140 c., diam. 29 c.

34 — Deux colonnes en marbre blanc veiné de
gris. Haut. 127 c., diam. 22 c.

35 — Une colonne et son embase en marbre bleu
turquin. Haut. 123 c., diam. 26 c.

36 — Un buste plus fort que nature en marbre blanc. Bacchus.

37 — Un tombeau en vert antique à amandes rouges, modèle de Scipion.

38 — Un buste en marbre blanc. Néron enfant.

39 — Une figure funéraire en marbre blanc. Femme appuyée sur une urne. Hauteur 76 cent.

40 — Un buste en marbre blanc. Socrate.

41 — Un bas-relief en terre cuite. Danse d'enfants et satyre. Attribué à François Flamand.

42 — Un buste en marbre blanc. Périclès.

43 — Un buste en marbre blanc. Le Rotator.

Bronzes dorés.

44 — Une grande pendule à fortes volutes surmontées d'enfants et couronnée d'un vase en bronze doré. (Style Louis XV).

45 — Une grande pendule ancienne en bronze doré mat surmontée d'enfants, terminée en arabesques. Le mouvement à répétition et réveil.

46 — Deux feux anciens du temps de Louis XVI, en bronze doré, trépied à pied de bouc, surmonté d'une flamme, frise à feuille de laurier et pomme de pin.

47 — Une grande pendule en bronze doré, style Louis XV, surmontée d'un groupe, Érigone.

48 — Deux candélabres en bronze doré à six lumières, Amour et Psyché, socle rocaille à
trois volutes.

49 — Une grande galerie de cheminée en bronze
doré, style Louis XVI, frises à feuilles de
vigne. Fort vase avec guirlandes de fleurs.
Grandeur toute ouverte 130 c., fermée
114 c.

50 — Deux socles rocaille en bronze doré avec huit
plaques en porcelaine de Sèvres tendre,
bord turquoise, fleurs et oiseaux.

51 — Deux candélabres rocaille en bronze doré à
sept lumières. Enfants thyrse et coupe.

52 — Un grand lampadère en bronze doré pouvant recevoir cinq lampes.

53 — Deux grands lampadères à deux branches
en bronze verni.

54 — Deux anciens bras de cheminée à trois lumières, époque de la régence.

55 — Un petit lustre ancien en bronze doré mat à
six lumières. Le corps en cristal bleu.

56 — Une pendule avec enfants en bronze doré,
le socle avec porcelaine peinte.

57 — Une paire de flambeaux anciens, bronze
doré avec cannelures et feuilles.

58 — Deux grandes lampes carcel à colonnes sur
socles à dauphin en bronze doré.

59 — Une paire de flambeaux anciens en bronze
doré à cannelures et feuilles.

60 — Un cartel ancien en bronze doré, vase et
guirlande de lauriers, et mascaron de
femme.

61 — Un plateau rond, le fond à glace, la galerie
à cassolette et guirlande de vigne en
bronze doré. Diamètre 67 cent.

62 — Une coupe sur pied triangulaire avec lion
ailé en bronze doré.

63 — Deux flambeaux rocaille en bronze doré.

64 — Deux lampes carcel en bronze doré, avec
trépieds séparés pour les poser.

65 — Deux flambeaux à deux branches, style
Louis XVI, en bronze doré, socle en
marbre blanc.

66 — Une paire de flambeaux en porcelaine bleue
et bronze doré.

67 — Deux girondolles anciennes à deux lumières
en bronze doré.

68 — Un vase en bronze doré avec couvercle, parties argentées, sujets à reliefs pris dans
dans les fables de La Fontaine.

69 — Deux coupes à trois dauphins et oiseaux
chimériques en bronze doré, parties argentées.

70 — Un lustre hollandais à huit lumieres en
bronze poli.

L'acquéreur aura la faculté de prendre le suivant qui est semblable, au même
prix.

71 — Un lustre hollandais à huit lumiéres en
bronze poli.

72 — Une paire de petits bras anciens, rocaille en
bronze doré à une lumière.

73 — Un grand écusson en bronze doré, avec
chiffre royal (les deux L croisées).

74 — Deux flambeaux anciens, Louis XV, en bronze doré à guirlandes et feuilles de laurier.

75 — Deux candélabres en bronze à deux lumières, figures égyptiennes agenouillées.

76 — Un grand lustre hollandais à seize lumières, en deux rangs, en bronze poli.

77 — Une petite pendule ancienne, bronze doré et marbre blanc.

78 — Une pendule en marqueterie, bronze en couleur.

79 — Une petite pendule ancienne de Boule à cul de lampe, écaille et bronze doré, mouvement à répétition.

80 — Deux flambeaux anciens en bronze doré mat à cannelures et guirlandes.

81 — Une petite cassolette en bronze doré, style renaissance.

82 — Deux petits flambeaux, trépieds et guirlandes en bronze doré.

83 — Deux vases en bronze, les ornements dorés mat sur socles en marbre griote. Hauteur 52 cent.

Porcelaines du Japon, montées en bronze doré.

84 — Un guéridon formé d'un plat en coupe à grandes fleurs et poissons, monture rocaille en bronze verni. Diam. 56 cent.

85 — Deux potiches à huit pans montées rocaille, avec pied, gorge et anses. Haut. 51 c.

86 —· Deux cornets, décors riche, médaillon à fleurs et oiseaux, monture régulière, bronze doré.

87 — Deux potiches surmontées de deux cornets, décors à quatre médaillons ronds à oiseaux, monture rocaille en bronze doré. Haut. 77 cent.

88 — Deux cornets avec rosaces sur fond rouge, socles rocailles et gorge bronze doré. Haut. 37 cent.

89 — Deux grands compotiers festonnés, décors riche, monture en bronze doré. Diamètre 24 cent.

90 — Deux cornets avec reliefs, monture rocaille en bronze doré. Haut. 29 c.

91 — Deux compotiers festonnés, décors riche, monture en bronze doré. Diam. 21 c.

92 — Deux cassolettes, décors riches, monture régulière à têtes de béliers en bronze doré.

93 — Une assiette, décors à quatre compartiments, monture en bronze doré,

94 — Deux compotiers, décor riche, monture en bronze verni. Diam. 21 c. (Dont un légèrement fêlé.)

95 — Un compotier festonné, décor avec faisan, monture vernie.

96 — Deux assiettes creuses, décors à figures, monture en bronze verni.

97 — Une coupe couverte, fond blanc, monture à trépied et gorge à anneau en bronze doré.

98 — Un grand compotier festonné, décor riche, monture bronze verni. (Fêlé.)

99 — Une petite potiche, pied et gorge rocaille en bronze doré. Haut. 30 c.

100 — Un grand compotier festonné, décors riches, monture bronze verni. Diam. 24 c.

Porcelaines anciennes de Chine, montées en bronze doré.

101 — Deux cornets fond vert clair et fleurs semées, montés en bronze doré. Haut. 47 c.

102 — Un vase lisbé à couvercle, décors à tabliers et vases de fleurs en couleurs émaillées, monture régulière en bronze doré. Hauteur 76 cent.

103 — Un bol à figures, le fond à quadrilles, monture régulière en bronze doré.

104 — Un vase oblong, fond bleu à fleurs semées, monture rocaille à deux anses en bronze doré. Haut. 45 cent.

105 — Un pot pourri rouge, cartels à fleurs, monté en bronze doré.

106 — Deux seaux à fleurs coloriées, monture en bronze doré.

107 — Un bol décors à figures sur fond or, monture régulière en bronze doré.

108 — Un pot pourri chocolat à médaillon de fleurs, monté en bronze doré.

109 — Un compotier avec cerf et biche, monté en bronze verni.

110 — Deux petits vases à côtes, décorés à papillons, montés en bronze doré.

111 — Un petit bol bleu jaspé, monté en bronze doré.

Porcelaines modernes, de Chine, montées en bronze doré.

112 — Deux très-grands vases céladon semés de chimères bleues, riche monture rocaille avec forts bouquets de lis et pavots, portant treize lumières. Lesdits vases reposant sur un socle chantourné en bois noir avec moulure en bronze doré. Hauteur totale 275 c.

113 — Deux grands vases, la gorge renversée, le fond blanc semé d'ustensiles et fleurs, grands cartels à figures, lézards or, riche monture avec anses rocaille en bronze doré. Haut. 76 c.

114 — Deux bouteilles, le goulot renforcé, décors à figure et attributs, monture rocaille en bronze doré, surmontées d'un bouquet à six lumières, avec lis et pavots en bronze doré. Haut. 88 c.

115 — Deux vases carrés plats. fond à fleurs, cartels à figures, anses et dessus de couvercle à figurines, monture rocaille en bronze doré. Haut. 55 c.

116 — Un grand bol décoré intérieurement et extérieurement à figures, belle monture rocaille en bronze doré.

117 — Deux vases, la gorge ouverte; le fond à
fleurs, cartels à figures, le haut et le bas
à arabesques et rosaces, socles et gorges
en bronze doré et surmontés de lampes
carcel. Haut. sous globe 69 c.

118 — Une paire de bouteilles, le goulot renforcé,
décors à figure et attributs, monture régulière en bronze doré. Haut. 55 c.

119 — Une grande cassolette couverte à figures et
attributs, montée sur piedouche avec
gorge et anses en bronze doré.

120 — Deux bouteilles de forme écrasée, céladon
semé de fleurs, cartels à figures, lézards
en relief au col, socles et gorges rocaille
en bronze doré. Haut. 44 c.

121 — Une paire de vases céladon à fleurs, montés
en lampes carcel en bronze doré. Hauteur 42 c.

122 — Deux bouteilles semées de fleurs, cartels à
figures, lézards en relief, monture rocaille en bronze doré avec bouquet de lis
à sept lumières. Haut. 90 c.

123 — Un bol à décors intérieur et extérieur, forte
monture sur piedouche en bronze doré,
Diam. du bol 33 c.

123 — Une cassolette couverte, paysages et figures.
montée en bronze doré.

125 — Un bol, décors intérieur et extérieur à figures, monté en bronze verni. (Fêlé.)

126 — Deux vases à gorge ouverte, sujets à grandes

ligures, socles à tors de lauriers et gorges à gaudrons en bronze doré. Hauteur 52 c.

127 — Un bol, décors intérieur et extérieur à figures, monture rocaille en bronze doré.

128 — Une paire de vases de forme aplatie, décors à figures, monture régulière en bronze doré. Haut. 28 c.

129 — Deux bouteilles fond blanc avec magot sur un cerf et enfant, socles et gorges en bronze doré. Haut. 28 c.

130 — Un plat ovale à figures, bord blanc, monture en bronze doré.

131 — Deux vases rouges, monture régulière en bronze doré. Haut. 31 c.

132 — Un bol, décors intérieur et extérieur à figures, sur trépied à enfants, tritons en en bronze doré. Diamètre 30 c.

133 — Deux petits seaux cylindriques semés de fleurs, monture à trois pieds à écussons.

134 — Une paire de petits seaux cylindriques semés de fleurs, monture à trois pieds à écussons.

135 — Trois paires de petits seaux cylindriques semés de fleurs, plus petite monture à quatre pieds.

Porcelaines de Sèvres, décors anciens et décors modernes, et Porcelaines tendres, montées en bronze doré.

136 — Un cabaret composé de six tasses à anses et soucoupes, un pot au lait, une théïère, un

sucrier forme festonnée et à côtes, décors
à bord bleu, pendentifs de feuillages verts
et réseaux rouges.

137 — Une tasse et une petite cafetière à roses semées dans des cercles à feuilles d'or.

138 — Une tasse, roses semées dans des ronds, fond
pointillé bleu clair.

139 — Une tasse bleu de roi, pois en or, entrelacs à fleurs.

140 — Deux grands saladiers ronds à feuilles de
choux et bouquets.

141 — Une petite écuelle semée de roses.

142 — Un sucrier à rubans verts (le couvercle ré-
paré).

143 — Un très-petit vase bleu clair et fleurs sur le
fond, monture en bronze doré.

144 — Un cabaret sur plateau composé d'un pot à
lait, un sucrier et deux tasses, le fond
vert, cartels à oiseaux.

145 — Un sucrier et une tasse, le fond vert, cartels
à oiseaux.

146 — Un pot à lait, trépied fond rose à oiseaux.

147 — Deux tasses bleu turquoise et oiseaux.

148 — Deux assiettes turquoises à oiseaux.

149 — Trois assiettes avec gauffrage, parties turquoises, le centre avec enfants.

150 — Un grand plat ovale à fleurs et filets bleus
(pâte dure).

151 — Une grande coupe en porcelaine tendre, le
fond turquoise, cartels à figures et oiseaux, l'intérieur à fleurs, montée sur
quatre naïades avec anses et gorge rocaille en bronze doré.

152 — Un vase porcelaine tendre bleu de roi cartels à enfants, monture en bronze doré
surmonté d'un bouquet de tulipes à six
lumières. Haut. 70 c.

153 — Un vase couvert forme Médicis, fond bleu de
roi avec cartels de fleurs, monture en
bronze doré à tête de satyre. Haut. 45 c.

154 — Deux vases fond turquoise, cartels à oiseaux
et fleurs avec entourage bleu de roi, la
monture en bronze, le socle avec quatre
cartels de porcelaine.

155 — Deux vases gobelet bleu de roi, porcelaine
moderne de Sèvres, monture style
Louis XVI en bronze doré.

156 — Deux coupes ovales couvertes, à bord bleu,
vermicel or, porcelaine moderne de Sèvres.

157 — Un bol en porcelaine tendre bleu turquoise,
médaillons de fleurs, l'intérieur avec le
même décors, monture régulière en
bronze doré.

158 — Un bol en porcelaine tendre bleu turquoise,
médaillons de fleurs, l'intérieur avec le
même décor, monture régulière en
bronze doré.

159 — Une assiette porcelaine tendre turquoise
avec six petits médaillons de fleurs, rubans au centre et oiseaux, monture en
bronze doré.

160 — Une assiette porcelaine tendre turquoise
avec six petits médaillons de fleurs, rubans au centre et oiseaux, monture en
bronze doré.

161 — Deux vases jaunes marbrés, monture régulière en bronze doré.

Porcelaines du Japon.

162 — Deux grosses potiches Japon à branchages bleus et feuillages de couleur. Haut. 62 c.

163 — Une garniture de trois vases et deux cornets, décors à branchages et oiseaux. Haut. 48 c.

164 — Une potiche décors à trois médaillons de fleurs. Haut. 66 c.

165 — Un grand plat à palmettes au bord, et vase de fleurs au centre. Diam. 55 c.

166 — Une potiche décors à rosaces sur fond rouge. Haut. 48 c,

167 — Un grand plat, vase au centre, et cartels baroques sur le bord. 49 c.

168 — Un grand plat, vase au centre, décors baroques sur le bord. Diam. 45 c.

169 — Deux potiches de forme élancée, le décor à fleurs. Haut. 58 c.

170 — Une potiche de forme élancée, le décor à fleurs (le couvercle restauré).

171 — Deux plats à bords renversés, parties bleu de roi et fleurs. Diam. 39 c.

172 — Deux potiches à pans et un cornet à dessins bleus. Haut. 65 c.

173 — Deux plats creux, vase au centre et trois cartels autour. Diam. 40 c.

174 — Trois carpes.

175 — Un grand bol couvert. Diam. 28 c.

176 — Un plat, vase au centre et dessins bleu clair
sur le bord. Diam. 41 c.
177 — Neuf vases lisbés à dessins bleus (seront
divisés).
178 — Deux plats, trois parties bleues et vase au
centre. Diam. 30 c.
179 — Deux vases sans couvercles à dessins bleus
à 6 cartels. Haut. 36 c.
180 — Deux bols et leurs assiettes.
181 — Vingt-deux assiettes, cartels à palmettes.
182 — Quarante-huit assiettes de différents décors
(seront divisées).
183 — Cinquante compotiers de divers décors (seront divisés).
184 — Dix-huit bols de décors divers (seront divisés).
185 — Deux bouteilles à dessins bleus.
186 — Trente-quatre plats et compotiers de diver-
ses grandeurs et décors (seront divisés).

Porcelaines modernes de Chine.

187 — Deux grands vases, anses à chimères, le
fond semé de fleurs et oiseaux, cartels à
figures, sur socles en bois sculpté. Hauteur 100 c.
188 — Deux vases à gorge ouverte, décors à feuilles
vertes avec grand papillon au centre.
Haut. 61 c,
189 — Un vase, gorge deversante, le fond céladon
à bandeaux de fleurs et caractères. Haut.
63 c.

190 — Deux vases, gorge ouverte, le fond semé de fleurs, cartels à figures, les anses à dragons. Haut. 62 c.

191 — Deux vases anses à oiseaux, cartels à figures. Haut. 64 c.

192 — Deux vases gorge déversante, forme ronde au centre, cartels à figures, et anses à oiseaux. Haut. 63.

193 — Deux vases cylindriques anses à dragon et lézards dorés, cartels à figures. Haut. 59 c.

194 — Deux vases, le fond céladon à côtes semé de rosaces bleues, anses à doubles chimères. Haut. 64 c.

195 — Deux vases bruns avec dragons gravés sous l'émail, petites anses à têtes d'éléphants. Haut. 57 c.

196 — Deux vases craquelés, anses à têtes d'éléphants. Haut. 63.

197 — Deux vases à gorge déversante, le fond jaune, semé de caractères en relief. Haut. 60 c.

198 — Deux vases gros bleu à reliefs blancs. Haut. 57 c.

199 — Deux vases céladon avec dessins bleu clair. Haut. 56 c.

200 — Deux grandes bouteilles bleues avec dragons bleu foncé sous l'émail. Haut, 62 c.

201 — Une bouteille décors à grandes figures. Haut. 55 c.

202 — Deux tabourets à pans, décors à figures et fleurs.

203 — Un tabouret décors à figures.

204 — Deux vases, carrés plats, fond à fleurs, cartels à figures, anses et dessus de couvercles à petites figurines. Haut. 55 c.

205 — Un grand vase forme urne, fond blanc semé
de fleurs, grand oiseau au centre, anses
à chauves-souris, socle en bois sculpté.
Haut. 59 c.

206 — Deux cornets céladon à fleurs et fruits, partie
en relief. Haut. 38 c.

207 — Deux bouteilles, fond semé d'attribus, cartels à figures, anses à bambou. Haut. 44 c.

208 — Deux bouteilles bleu clair avec dragons
bleu foncé sous l'émail, anses à sceptre.
Haut. 43 c.

209 — Trois paires de jardinières fond céladon,
semé de fleurs et grands dragons en or
(seront divisés).

210 — Deux vases gorge ouverte, fond semé de
fleurs, cartels à figures, anses bleu clair
à dragons. Haut. 44 c·

211 — Deux vases forme ronde au centre, semés
de fleurs jaunes, lézards et oiseaux en or.
Haut. 46 c.

212 — Deux bouteilles gorge ouverte, lézards bleus
et roses, cartels à figures. Haut. 42 c.

213 — Deux vases gorge déversante, forme boule
au centre, bandeaux de fleurs et caractères, lézards et oiseaux or. Haut. 40 c.

214 — Deux vases la gorge ouverte, fond semé de
fleurs, cartels à figures, anses à dragon.
Haut. 45 c.

215 — Deux bouteilles, le col déversant, cartels à
figures, lézards or. Haut. 44 c,

216 — Deux vases céladon, bandeaux de fleurs et
caractères, lézards et oiseaux or. Haut.
42 c.

217 — Deux vases forme ronde au centre, fond à
fleurs et attributs, cartels à figures, anses
à oiseaux. Haut. 43 c.

218 — Deux vases carrés à grandes figures. Haut.
39 c.

219 — Un vase gorge ouverte avec colerette, fond
semé de fleurs, cartels à figures, anses à
lézards. Haut. 44 c.

220 — Deux bouteilles, gouleau renfoncé, le fond
à dragons et nuagés, cartels à figures.
Haut. 45 c.

221 — Deux bouteilles forme écrasée, cartels à figures et quatre lézards or avec socles.
Haut. 39 c.

222 — Deux bouteilles col ouvert, semées d'animaux et fleurs, dragons rouges au centre,
anses à lézards or. Haut. 49 c.

223 — Deux vases à gorge ouverte, cartels à figures, anses à lézards. Haut. 41 c.

224 — Deux vases, cartels à figures, anses avec
petites figurines. Haut. 36 c.

225 — Deux bouteilles, gouleau renforcé, décors à
grandes figures. Haut. 45 c.

226 — Deux bouteilles, col deversant, panse cou-
pée, fond à attributs; cartels à figures,
lézards or, anses à oiseaux. Haut. 42 c.

227 — Une bouteille gouleau renforcé, cartels à
figures, anses à dragons. Haut. 45 c.

228 — Un bol décors intérieur et extérieur à figures. Diam. 47 c.

229 — Une garniture de trois vases et deux cornets, décors à figures. Haut. 34 c.

230 — Une garniture de trois vases et deux cornets, décors à figures. Haut. 34 c.

231 — Deux vases peintures avec jeux d'enfants. Haut. 30 c.

232 — Deux bols à quatre cartels de fruits, socles en bois sculpté.

333 — Trois écuelles et leurs plateaux, décors à figures (seront divisées).

234 — Une bouteille et sa cuvette et deux boîtes à brosses, céladon à fleurs blanches.

235 — Seize compotiers céladon à fleurs, de formes différentes.

236 — Quarante-quatre petites assiettes céladon semées de fleurs et oiseaux.

237 — Vingt-quatre assiettes creuses à figures et attributs.

238 — Huit assiettes plates.

239 — Cinq grandes assiettes céladon semées de fleurs.

240 — Douze tasses à anses, à figures et attributs.

241 — Dix bols de différents diamètres décorés intérieurement et extérieurement de figures, sur socles en bois (seront divisés).

242 — Vingt-cinq bols ronds, sexagones et octogones, décorés de couleurs riches avec arabesques, oiseaux et caractères chinois, dont plusieurs avec des socles en bois sculptés (seront vendus par lots).

233 — Cinquante paires de vases de différentes
formes et décors de 15 à 30 c. de haut.
(Seront vendus par lots).

244 — Une très-grande quantité de petits objets
divers en porcelaine de Chine seront vendus par lots.

Porcelaines anciennes de Chine.

245 — Un cornet forme boule au centre, décors à
figures, socles en bois sculpté. Haut. 50 c.

246 — Un vase forme cylindrique à fleurs et oiseaux. Haut. 46 c.

247 — Un vase la gorge ouverte, sujet de cavaliers,
socle en bois sculpté. Haut. 42 c.

248 — Une chinoise debout avec robe à fleurs,
Haut. 67 c.

249 — Un bol vermicel or et figures. Diam. 31 c.

250 — Deux jardinières carrées et évasées à deux
anses, décors à figures.

251 — Un magot debout portant une besace.

252 — Un cabaret à figures, vermicel or, composé
de théière, pot à lait, boîte à thé, bol
couvert, deux petits plateaux et quatre
tasses.

253 — Un cabaret à huit pans, couleurs émaillées,
composé de vingt-six pièces.

254 — Douze assiettes à fleurs et coqs.

255 — Douze assiettes à fleurs sur petites mosaï-
ques.

256 — Douze assiettes festonnées, décors à fleurs.

257 — Vingt-et-une assiettes à trois corbeilles rouges et or.

258 — Quatre-vingts assiettes de décors divers, couleurs émaillées (seront divisées).

259 — Dix plats et compotiers décorés en couleurs émaillées (seront divisés).

Porcelaines anciennes et modernes. de Saxe.

260 — Un groupe, femme, quatre enfants et vase.

261 — Un cabaret à fleurs composé de la cafetière (fêlée), pot à lait, theyère, sucrier, boîte à thé, bol et plateau, dix-huit tasses et soucoupes, six tasses hautes sans soucoupes.

262 — Quatre saladiers festonnés, trois compotiers ronds, quatre grandes coquilles, huit petites, trois compotiers ovales, deux sucriers et leurs dessous. Porcelaine à gauffrages, décors à fleurs. (Seront divisés.)

263 — Un cabaret à fleurs, imitation du Japon, composé de : cafetière, bol, théyère, sucrier, boîte à thé, plateau et dix tasses et soucoupes.

264 — Deux pots pourris, forme de fruits avec fleurs en relief.

265 — Un groupe. Femme, enfant et raisin.

266 — Six tasses gauffrées, décors à fleurs.

267 — Un socle triangulaire à jours et à fleurs en reliefs.

268 — Deux bols à fleurs, imitation du Japon. Diamètre 25 centimètres.

269 — Six tasses à fleurs et bandeau rosé.

270 — Un vase à six pans, à oiseaux et fleurs, imitation du Japon. Haut. 31 cent.

271 — Un vase rocaille à deux anses.

272 — Deux bols octogones à léopards, imitation du Japon.

273 — Plusieurs bols, pots à lait, cafetières, théïères et sucriers. Seront divisés sous ce numéro.

274 — Un groupe. Femme faisant la toilette de sa fille.

275 — Cinq figurines assises, costumes Louis XV. (Les sens.) Qui seront divisées

276 — Deux figurines, fille et garçon donnant à manger à des poules.

277 — Deux figures. Femme tenant un éventail, homme un bouquet.

278 — Un groupe. Homme offrant un bouquet.

279 — Deux salières doubles, enfants tenant une corbeille.

280 — Un petit bougeoir à manche, décors avec petites figurines, costume Louis XV.

281 — Deux jardinières, forme éventail, fond vert-jaune, cartels à fleurs.

Laques du Japon et de Chine.

282 — Une boîte carré long, fond noir, sujets à figures en or; 49 cent. sur 31 cent. Laque du Japon.

283 — Une très petite boîte   id.   id.

284 — Une grande table ronde en laque moderne de Chine, le fond noir avec sujet à paysage et figures en or. Diamètre 90 c.

285 — Un trictrac et échiquier en laque moderne de Chine, avec les jeux en ivoire sculpté.

286 — Trois boîtes à ouvrage, ustensiles en ivoire. Seront divisées.

287 — id. id. id.
42 cent. sur 27 cent.

288 — id. id. id.
36 cent. sur 23 cent.

289 — Quatre boîtes à thé, intérieur en étain gravé. Seront divisées.

298 — Un pupitre. Sujet à figures.

291 — Huit boîtes à thé laque à figures, boîtes en étain gravé. Seront divisées.

292. — Neuf écrans de Chine, sujet à figures, têtes en ivoire, oiseaux en plumes, manches en ivoire sculpté.

Bois sculpté de Chine.

293 — Une étagère chinoise à deux corps, le bas à deux portes pleines et relief sculptés, le corps du haut avec tablettes inégales et ornements sculptés à jours. Haut. 205 c. larg. 91 c., avec un double socle pouvant l'élever de 16 cent.

294 — Une console, pieds à griffes et ceinture festonnée, le dessus en marbre ronceux.
Larg. 120 c. prof. 57 c.

(L'acquéreur aura la faculté de prendre la sui-
vante qui est semblable, au même prix.)

295 —   id.   id.   id.

296 — Une étagère chinoise à quatre étages, pieds
à consoles, arabesques, couronnement à
jours et sculptée sur les quatre faces.
Haut. 172 cent., larg. 99 cent.

297 — Une table ronde, le tour à gaudron sculpté,
le pied à balustre et trois consoles, le
dessus en marbre ronceux avec frise en
bois. Diamètre 136 c.

298 — Une table ronde, moyenne, le tour à gaudron sculpté, le pied à balustre et trois
consoles, le dessus en marbre ronceux
avec frise en bois. Diamètre 96 c.

299 — Une belle étagère chinoise à quatre tablettes, sculptée sur les quatre faces,
avec arabesques grecques et couronnement, fronton à jours. Haut. 161 c.,
larg. 98.

300 — Un canapé richement sculpté, la ceinture à
jours, les pieds à griffes. Larg. 200 c.
(non garni).

(L'acquéreur aura la faculté de prendre le suivant qui est semblable au même prix.)

301 —   id.   id.   id.

302 — Un très grand fauteuil richement sculpté, le dossier ovale, le fronton à jours (non garni).

(L'acquéreur aura la faculté de prendre, au même prix, le suivant qui est semblable.)

303 — id. id. id.

304 — Une charmante étagère à quatre étages, soutenue par douze colonnettes sculptées, frises à jours. Haut. 100 c. larg., 70 c.

305 — Un petit guéridon, trépied, frise à jours, le dessus en porcelaine de Chine, à figures, la frise en bois avec marqueterie de cuivre. Diamètre 41 c.

306 — Un écran de Chine, sculpté a jours, avec feuilles de vigne et raisins en pierre de lare, le revers avec glace.

307 — Une grande lanterne chinoise, à six pans, en bois sculpté, verres peints, à figures en couleurs, ornements en soie rouge avec plaque en émail.

Il y a quelques verres de rechange qui seront donnés à l'acquéreur.

308 — Une petite lanterne chinoise, à six pans, en bois sculpté, verres peints, à figures en couleurs, ornements en soie rouge avec plaque en émail.

309 — Un écran chinois, en pierre de lare peinte, à figures coloriées, sur pied en bois sculpté.

310 — Une boîte carré-long, en palissandre avec sujet à figures et fleurs en relief, en bois jaune.

311 — Deux socles à trois plateaux ronds, formés de branches et de fleurs de nénuphar. Seront divisés.

312 — Un socle à trois plateaux, pieds de biche et arabesques. 62 c. sur 17 c.

313 — Deux socles carrés-longs, à trois plateaux, grecques à jours. Larg. 79 c., profondeur 19 c.

314 — Deux socles carrés-longs, à deux plateaux, Larg. 51 c., prof. 19 c.

315 — Huit socles carrés-longs, forme de table, les dessus en marbre et bois. Seront divisés.

316 — Deux socles carrés-longs, forme de table, pieds contournés, ceinture à jours, le dessus en marbre ronceux avec frise en bois. 30 c. sur 30 c.

317 — Dix-sept socles, formes tables carrees, les frises à jours, les dessus en marbre. Depuis 17 c. jusqu'à 26 c. Seront divisés.

318 — Trente socles ronds pour vase, de 12 c. à 22 c. de diamètre. Sculpture fine. Seront divisés.

319 — Un miroir chinois en métal, supporté par un animal chimérique, en bois sculpté.

320 — Une cloche forme aplatie, avec coquille en relief et suspendue dans une monture en bois sculpté.

321 — Un groupe. Femme et cerf.

322 — Un magot avec béquille.

323 — Deux grandes chimères formées de racines dites de mandragore.

Bronzes.

324 — Un buste en bronze italien, philosophe grec.

325 — Un bronze. Déjanire et le centaure Nessus.

326 — Un bronze ancien italien, l'exécuteur.

327 — Une figurine, bronze ancien. Homme accroupi.

328 — Deux bustes, bronze ancien du temps de Louis XV. Faune et jeune fille.

329 — Un bronze ancien. Hercule portant une boule.

330 — Deux petits bronzes anciens. Satyre assis et Hercule debout et couronné.

331 — Deux petits bustes, bronzes anciens, Henry IV et Sully, sur fût de colonne en marbre blanc et moulures dorées.

332 — Un bronze d'après l'antique. Le cymbalier.

333 — Deux groupes d'amours en bronze, tireurs d'arc et aiguiseurs de flèches. Sur socle en bronze doré.

334 — Un buste en bronze oxidé. Jupiter.

335 — Un bronze ancien chasseur à la lanterne.

336 — Une Renommée en bronze, sur socle, en marbre vert antique à moulures dorées.

Bronzes chinois.

337 — Une cassolette, trépied avec caractères en relief, le couvercle surmontée d'une chimère à cornes, sur socle triangulaire en bois sculpté.

338 — Un mandarin assis, appuyé sur une outre, socle en bois sculpté.

339 — Deux grandes bouteilles forme allongée, le fond ondulé, avec animaux en relief, socles en bois.

340 — Deux cornets à feuilles et une bouteille avec dragon au col, socles en bois.

341 — Un vase, le fond uni avec cigogne en relief, les anses à sceptre.

343 — Deux brûle-parfums à trois pieds unis avec dessous.

Tableaux.

343 — Un tableau de l'école italienne, enfant couché tenant une légende.

344 — Un tableau. Sainte Madeleine dans un paysage avec gloire d'anges tenant la croix. (Polembourg.)

345 — Un tableau. Ruines et personnages (par Culembourg).

346 — Un tableau. La Création avec animaux, par Van Balen.

347 — Deux tableaux. Paysages montagneux avec figures (par Chalet 1776).

348 — Deux grands tableaux. Corbeilles de fleurs et fruits sur tapis brodés (de Baptiste).

349 — Un tableau. Passage d'un bac, Van Goyen.

350 — Un tableau rond. Sainte-Famille. Ecole italienne.

351 — Un tableau. Village incendié.

352 — Un portrait d'homme, ancienne école hollandaise.

353 — Un portrait de femme du temps de Louis XIV.

354 — Un pastel. Enfant, d'après Boucher.

Objets divers.

355 — Deux anciennes glaces bizautées dans leurs cadres anciens en bois sculpté et doré. Larg. 85, haut. 117

356 — Une ancienne pendule en bois de placage, garnie de bronze doré, surmontée d'un enfant.

357 — Huit vitraux anciens. (Seront divisés.)

358 — Un Christ en bois de poirier sculpté.

359 — Deux figures gothiques en bois sculpté et peint.

350 — Une boîte à ouvrage, incrustation, ivoire et étain. Travail Indien.

361 — Un coffret ancien, incrustation de nacre et écaille.

362 — Un encrier en marqueterie bronze, en couleur.

363 — Cinq éventails anciens en nacre et en ivoire (seront divisés).

364 — Deux boîtes à gants, en bois de sandal à figures chinoises.

265 — Un ancien biscuit, femme et chien.

366 —   id.   bacchante et satyre.

367 — Deux grandes figures en biscuit, riches costumes Louis XV.

368 — Un guéridon en porcelaine, le fond turquoise, et décors à figures ; la monture en
bronze en couleur.

369 — Une soupière ovale à deux anses et son plateau, décors à guirlandes de fleurs ; porcelaine d'Angoulême.

370 — Deux vases, porcelaine anglaise, le fond
vert clair avec fleurs en relief.

371 — Deux petites jardinières, le fond vert, cartels à fleurs.

372 — Les objets omis au présent Catalogue seront
vendus sous ce numéro

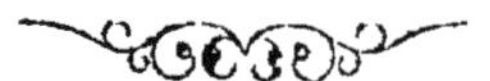

Maulde et Renou, Imprimeurs de la Compagnie des Commissaires-
Priseurs, rue de Rivoli, 114.   1898

www.ingramcontent.com/pod-product-compliance
Ingram Content Group UK Ltd.
Pitfield, Milton Keynes, MK11 3LW, UK
UKHW021153140726
13695UKWH00005B/2121